DISCOURS

PRONONCÉS

A LA DISTRIBUTION DES PRIX

DU

COLLÈGE DE JUILLY

LE 25 JUILLET 1889

PARIS

IMPRIMERIE D. DUMOULIN ET Cⁱᵉ

5, RUE DES GRANDS-AUGUSTINS, 5

1889

DISCOURS

PRONONCÉS A LA DISTRIBUTION DES PRIX

DU

COLLÈGE DE JUILLY

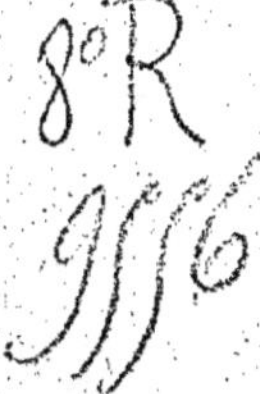

DISCOURS

PRONONCÉS

A LA DISTRIBUTION DES PRIX

DU

COLLÈGE DE JUILLY

LE 25 JUILLET 1889

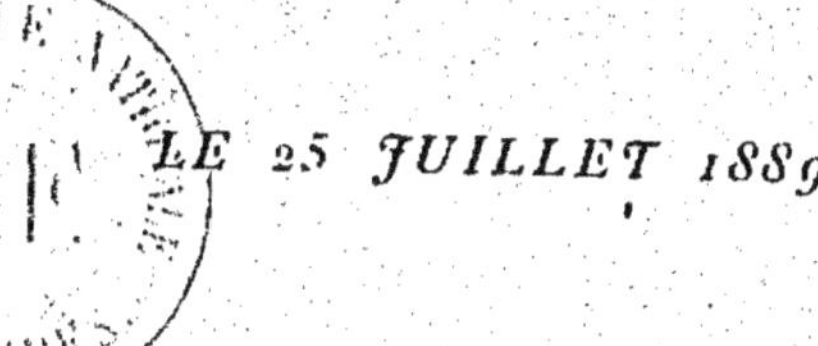

PARIS

IMPRIMERIE D. DUMOULIN ET Cⁱᵉ

5, RUE DES GRANDS-AUGUSTINS, 5

1889

JUILLY EN 1789 [1]

DISCOURS

DU

R. P. PAUL-LALLEMAND

AGRÉGÉ DE L'UNIVERSITÉ, DOCTEUR ÈS LETTRES
PROFESSEUR DE RHÉTORIQUE

MONSEIGNEUR [2],
MESDAMES,
MESSIEURS,

Un jour, M. de Narbonne disait à Maury : « Vous vous estimez donc beaucoup ? — Peu, Monsieur, lui répondit le cardinal, quand je me considère ; beaucoup, oui, quand je me compare. » Ces fières paroles ne me sembleraient point déplacées dans la bouche du collège de Juilly, si, en le personnifiant, grâce à la toute-puissante fantaisie des orateurs et des poètes, je le supposais vivant et se dressant devant vous. Certes, à l'étudier dans son passé, à parcourir les pages de ses fastes séculaires, à répéter les noms illustres qu'il garde dans ses

---

1. Une partie seulement de cette étude, et la moins technique, a été lue à la distribution.

2. Mgr Gonindard, archevêque de Sébaste, coadjuteur de son Éminence le cardinal-archevêque de Rennes.

livres d'or, à le considérer lui tout seul, l'émotion
prend le cœur; mais si on rapproche toutes ces
choses, qui constituent son histoire, des annales que
peuvent nous offrir les collèges renommés aujour-
d'hui, combien se sent-on le droit de répéter le mot
de Maury : nous, Juliaciens, nous nous estimons
beaucoup quand nous nous comparons à d'autres;
j'ajouterai même, à tous les autres !

Monseigneur, vous m'en voudriez de penser au-
trement. Car enfin, c'est Juilly, le Juilly plein de
gloires oratoriennes et françaises d'autrefois, le Juilly
où sont jetés encore à mains ouvertes les germes
d'où sortiront des moissons de chrétiens et de pa-
triotes, que vous avez voulu honorer et distinguer en
lui apportant la joie de votre présence et la fécondité
de votre bénédiction. Nos légendes nous racontent
que maintes fois, sous les ombrages de nos beaux
arbres, Bossuet se rencontrait avec Malebranche; et,
de temps en temps, entre les deux génies les plus
originaux du dix-septième siècle, il était question de
Fénelon. Je sais, Monseigneur, une parole où vibre
comme un écho éloquent de la grande voix de
Bossuet; elle trahit de plus la finesse déliée de
Malebranche, toujours habile vis-à-vis de ses adver-
saires, toujours courtois et prompt à louer ce qui,
chez eux, lui apparaissait bon et louable; et cette
parole semble s'envoler des lèvres souriantes et gra-
cieuses de Fénelon, nourri de la plus pure moelle
de l'antiquité grecque et latine, de Fénelon, épris
de Virgile aussi bien que de David, et qui, Mentor

chrétien et prêtre de Jésus-Christ, a dépensé trente ans de sa vie au service de la jeunesse. En venant à Juilly, Monseigneur, ne vous retrouvez-vous pas un peu chez vous? Oui, c'est comme une reconnaissance que nous faisons, les uns et les autres, et elle nous parait toute naturelle.

C'est de ce Juilly ancien que je voudrais parler aujourd'hui, mes Amis, essayant, après tant d'autres[1], d'ajouter un trait nouveau à la physionomie si connue de votre vieux collège. Qu'était-il il y a cent ans? Quel profit y a-t-il à retirer de la comparaison du Juilly tel qu'il se révélera à cette époque au Juilly moderne, dont, mes chers Enfants, vous êtes les hôtes aimés et, si vous me permettez de dire encore, les heureux habitants? En un mot, que faisaient vos aînés d'il y a cent ans? Telle est l'enquête que je propose à votre attention, avec l'espoir qu'elle ravivera en vous l'ambition de continuer toutes les traditions et de perpétuer les souvenirs qui s'éveillent au seul nom de Juilly.

I

En 1689, l'Académie royale de Juilly comptait 54 pensionnaires; en 1789, leur nombre s'élevait à 285 : 46 nouveaux étaient entrés du 1er janvier 1789 au 1er janvier 1790. La majeure partie de ces écoliers n'était point originaire de Paris. Beaucoup venaient

1. Avant tout, il faut citer l'*Histoire de Juilly*, par M. Hamel, dont la troisième édition vient de paraître.

des colonies, où le renom de Juilly s'était étendu de bonne heure, comme d'une maison où les manières distinguées se cultivaient unies à la formation du goût, à la politesse de l'esprit et aux pratiques d'une religion simple mais prise au sérieux. Beaucoup d'autres élèves affluaient ici, originaires de la Provence. Là-bas pourtant, les collèges oratoriens s'égrenaient le long de la côte d'azur de la Méditerranée : Marseille, Toulon, Hyères, Ollioules, la Ciotat, tous se réclamant d'un passé qui n'avait point été sans gloire. C'est que les orages suscités par le jansénisme s'étaient abattus sur la plupart des maisons d'éducation de l'Oratoire provençal ; beaucoup étaient fermées, et, si d'autres restaient ouvertes, c'était avec des restrictions et une gêne qui embarrassaient les familles désireuses de confier leurs enfants à des collèges chrétiens. Et elles se tournaient vers Juilly, où elles trouvaient l'éducation sagement libérale qui marquait l'Oratoire d'un signe caractéristique, sans avoir à redouter les foudres qui frappaient les maisons de Provence.

Long était donc le voyage pour quelques-uns de vos prédécesseurs, mes Amis.

Ceux de Marseille, par exemple, se devaient d'abord rendre à Lyon, d'où une diligence les amenait à Paris ; de telle sorte qu'après avoir quitté Lyon le dimanche, ou le lundi, ou le jeudi, ils arrivaient dans la capitale le vendredi, le samedi ou le mardi suivants. De Paris, il restait encore à parcourir la distance d'environ sept lieues qui les séparaient de Juilly. Depuis cinq ans, la route qui se relie à celle de Meaux à Paris par Thieux et Compans avait été pavée, grâce à la munificence de M. de Trudaine. Chaque samedi, une voiture *couverte et commode*, disent les prospectus, quittait la Ville à huit heures du matin. Le point de départ était l'Oratoire de la rue Saint-Honoré; on franchissait les remparts après la barrière de la porte Saint-Martin; on traversait la Villette, le Bourget; une halte avait lieu à Roissy, où, dans une auberge hospitalière, l'on prenait un frugal repas; puis, après le Ménil et Thieux, on voyait, se détachant sur le rideau sombre des grands arbres, se profiler les toits mansardés et les deux clochers du collège.

La rentrée, au lieu de coïncider avec la fête de saint Luc, comme dans les autres gymnases oratoriens, — ce qu'on appelait les *Lucalia*, — tombait le 1er octobre. Les élèves, qu'on recevait depuis l'âge de huit ans jusqu'à douze ans, furent, selon l'usage, répartis en différentes *chambres* communes, ou salles d'étude, sous la conduite d'un préfet, qui ne les quittait jamais en dehors des classes. En 1789, elles étaient au nombre de sept, qui relevaient, pour le travail et pour la conduite, du grand préfet; il s'appelait alors le P. Élysée Prioleau, et il avait pour suppléant le P. Michel Crenière, l'ami intime de l'économe, le P. Lombois. Saluez ces noms vénérables, mes Amis; ils nous rappellent des prêtres austères, des oratoriens dignes des grands aïeux du dix-septième siècle, et qui, après la catastrophe sanglante de 1793, reprirent la tâche interrompue brusquement par la Terreur; ce sont eux qui ont refait Juilly, traits d'union vivants entre son passé qu'ils avaient admiré et l'avenir, aujourd'hui devenu le présent; ils furent les anneaux qui relient la chaîne, à peine brisée quelques mois, de vos traditions, de vos souvenirs, donc, aussi de vos espérances.

Juilly, en 1789, avait à sa tête un prêtre d'une rare vertu, d'une piété aimable et forte, à l'esprit ouvert, poète à ses heures, orateur distingué, écrivain au talent souple et facile. Le P. Mandar méritait de prendre la direction du plus célèbre collège de l'Oratoire. Lorsque, le 25 août 1774, devant l'Académie des Inscriptions et celle des Sciences, il avait prononcé le panégyrique de saint Louis, n'avait-il pas félicité le saint roi de s'être appliqué « à dissiper l'ignorance, toujours si funeste à la religion par ses suites »? Ses collaborateurs, outre ceux que j'ai déjà indiqués, étaient les PP. Domange et de Menneville, comme aumôniers; le confrère Bégat, professeur de philosophie; le confrère Lefebvre, en rhétorique; le confrère Athanoux, en seconde; le P. Brunard, ancien élève de l'Académie, enseignait l'histoire et la géographie; le P. Menout, aussi ancien élève de Juilly, professait les mathématiques, et la chaire de grec était occupée par le P. Macquet. La surveillance de la division des Minimes était confiée au confrère Constantin, gai, doux, patient, et qui excellait dans la conduite des petits enfants.

Le bagage exigé de chaque juliacien différa peu de celui qui est demandé aujourd'hui. On doit apporter une malle, une robe de chambre, une douzaine de coëffes de nuit, une douzaine et demie de chemises, autant de mouchoirs, de cols et de paires de chaussons ; deux peignoirs, un couvert d'argent, une cassette, un sac à poudre et un miroir dans un étui de carton : Moyennant une pension de cinq cents livres, le collège octroie le lit, les draps, le linge de table, la chandelle et le bois. On paye de plus trente livres pour le blanchissage, la poudre ordinaire et les fournitures scolaires. Chaque élève, à son arrivée, reçoit un pupitre, une écritoire, un *Paroissien romain,* un *Catéchisme de Meaux,* le *Catéchisme historique* de Fleury, soit en latin, soit en français.

Les examens préparatoires à l'entrée dans les classes ont été subis par les nouveaux devant le préfet, assisté de deux Pères ; les cadres des exercices classiques ont été distribués à chaque régent : la vie scolaire prend son cours, amenant ses heures de prière et de travail, traversée par ses alternatives d'études et de récréations, tour à tour silencieuse et bruyante, recueillie et joyeuse, mais de telle sorte que jamais le lourd ennui n'écrase les jeunes âmes qui s'y livrent.

L'ordre du jour au lendemain de la rentrée est celui-ci : à huit heures, dans l'antique chapelle de la vieille abbaye, la messe est célébrée par le supérieur, entouré de tous les Pères qui portent le surplis ; elle commence par le chant du *Veni Creator,* auquel succède celui des *Litanies de Jésus.* Comme Juilly est un internat, isolé de tout commerce avec les grandes villes, la harangue solennelle, qu'ailleurs prononçaient en latin les régents de seconde et de troisième, est remplacée par une heure de classe. Il n'y a que les nouveaux venus qui aient à faire connaissance avec leur professeur. Excepté pour la philosophie et pour la rhétorique, chaque maître a suivi ses écoliers des classes les plus infimes jusqu'aux humanités. Cette longue accoutumance était utile à tous; les caractères se sont familiarisés, en se pénétrant les uns les autres; l'affection a poli ce qu'il y a d'abord d'un peu rude dans les relations entre régents et écoliers; ceux-là ont eu le temps de discerner les facultés de ceux-ci : ils les dirigeront donc en tâchant de développer les talents qui s'ignorent et qu'ils ont découverts; ils façonneront avec une maîtrise plus intelligente le cœur et l'esprit des enfants; ils deviendront leurs confidents, leurs conseillers aux heures critiques, et, peut-être, leurs amis pour toute la vie.

L'après-dîner du 2 octobre est consacré à la promenade. Dès le lendemain, le travail et la discipline reprennent leur règne que n'interrompra aucune relâche trop longue jusqu'au 25 août.

L'emploi de la journée était ainsi réglé pour vos camarades de 1789 :

A 5 h. 3/4, le lever.

A 6 heures, la prière et l'étude.

A 7 h. 1/2, le déjeuner.

A 8 heures, la messe ; après la messe, l'étude.

A 9 heures, la classe.

A 11 heures, les *Litanies de Jésus*, le dîner, la récréation.

A 12 h. 3/4, l'étude.

A 2 heures, la classe.

A 4 heures, le goûter.

A 4 h. 1/2, l'étude.

A 6 heures, les *Litanies de la sainte Vierge*, le souper et la récréation.

A 7 h. 3/4, l'étude « destinée à quelque chose d'utile, mais qui n'exige aucune contention ».

A 8 h. 1/2, la prière.

A 8 h. 3/4, le coucher.

Les dimanches et fêtes, la grand'messe se chantait à sept heures et demie, les vêpres à deux heures et demie, les complies et le salut à cinq heures et demie[1]. Les jeudis, la composition prenait la matinée ; le soir, on sortait en promenade.

Les heures laborieuses étaient coupées par la prière qui tempérait ce que l'éducation pouvait avoir de rigoureux et de profane. C'est qu'en effet la première préoccupation des Oratoriens, comme de tous les maîtres chrétiens, allait à la formation de l'âme chrétienne et pieuse des adolescents. Chaque année, le Général de l'Oratoire qui venait visiter le collège rappelle à ses Pères l'obligation de ne point mettre d'autre souci avant celui-là. Et ces avis si graves, je les trouve réunis dans cette recommandation que le P. de la Valette adressait dans la visite du

---

1. *Mémoire instructif sur l'Académie royale de Juilly*, chez Lottin aîné, 1786.

24 août 1755 : « On ne peut rien ajouter aux peines et aux soins que se donnent nos Pères, écrit-il, pour former la jeunesse nombreuse qui leur est confiée ; et comme le succès paraît y répondre, il semble aussi qu'il ne nous reste plus rien à désirer. Cependant, à la lumière de la foi, il est toujours un point qui ne saurait manquer de nous donner de la crainte et de l'inquiétude : la piété sincère, un cœur chrétien est chose rare. Sans ce fondement, néanmoins, que devient tout le reste ? Et quel cas devons-nous en faire ? C'est ce que je conjure nos Pères d'avoir continuellement présent, pour s'animer à prendre tous les moyens possibles de faire de leurs élèves de vrais chrétiens. » Messieurs, cet idéal de l'éducation juliacienne n'avait point pâli en 1789 ; aujourd'hui encore, il excite le zèle de ceux qui se dévouent pour vous[1] ; et le voir réalisé en vous, ici même d'abord, et plus tard, dans le monde, c'est, je vous l'affirme, leur plus puissant motif de s'encourager à la peine, comme leur plus douce récompense...

Est-il étonnant, dès lors, que les exercices religieux se renouvellent si fréquents, à travers les heures classiques ? La prière, une lecture pieuse ouvre toutes les études ; chaque classe est précédée

1. Il y a quelque temps, dans une page éloquente, le Préfet des études du collège répondait ainsi à la voix du P. de Lavalette quand il disait : « Professeur, l'enseignement n'est pour l'Oratorien qu'un moyen d'aller aux âmes pour les conduire à Jésus-Christ. Se donner à Dieu pour les jeunes gens et se donner aux jeunes gens pour Dieu, voilà l'idéal auquel il s'efforce de conformer sa vie. » (Les *Oratoriens instituteurs*, p. 18, par A. Chauvin.)

de la récitation de cinq versets pris au Nouveau Testament, que le régent entoure d'un commentaire rapide. Le Verbe, illuminateur des esprits, est ainsi invoqué aux débuts de cette ascension lointaine que les jeunes intelligences se préparent à faire avec leur guide. Celui-ci, d'ailleurs, à la fin de son noviciat, n'a-t-il point pris cette résolution, qui fixait sa vie future de professeur : « Si je suis régent, entrant dans la classe, j'adorerai Jésus-Christ comme maître, je désirerai d'être son disciple, et m'estimant indigne d'enseigner, je le prierai de le faire lui-même pour moi [1]. »

Chaque jeudi et chaque dimanche, avant la messe, il y a dans les salles d'étude une conférence de piété. Jadis et ailleurs, à partir de la troisième, on n'y parlait qu'en latin. Mais chez vous, Messieurs, depuis l'année 1675, la langue des catéchismes et des instructions religieuses, c'est le français : ainsi l'a décrété l'Assemblée de l'Oratoire, toute-puissante à faire les règlements ; et ce qui l'a inspiré dans cette décision, — elle le dit elle-même — c'est « le plus grand profit des écoliers ».

A partir du carême, ceux qui se préparent à la première communion ont eu trois séances de catéchisme par semaine. L'évêque de Meaux, Mgr de Polignac, a présidé la pieuse cérémonie et a administré le sacrement de confirmation, après une retraite qui a duré dix jours, et pendant laquelle trois réunions

1. C'était le P. Bourgoing qui, dès 1637, proposait le texte de ces résolutions.

ramenaient à la chapelle vos jeunes camarades d'il y a cent ans : à sept heures et demie, le matin ; le soir, à quatre et à six heures. Vous dirai-je les saintes émotions qu'éveillent certaines fêtes, plus particulièrement chères à la piété oratorienne ? Ici, on célèbre, avec une solennité plus grande, la fête de la *Toussaint,* celle des *Grandeurs de Jésus,* les *Quarante Heures,* les *Rogations,* qui, dans les allées où les bourgeons naissants étalent leurs fines émeraudes, sollicitent la théorie lente et alternée des prêtres et des enfants ; la *Fête-Dieu* enfin, qui, sous la voûte fleurie et étoilée de vos grands arbres, dresse ses reposoirs, joie des yeux et du cœur !

Les élèves de Juilly, en 1789, pour alimenter leur piété, ont encore d'autres ressources que la parole de leurs maîtres : dans leur pupitre, à côté des livres de classe, et outre les ouvrages dont j'ai déjà parlé, vous pouvez voir le *Nouveau Testament,* en latin et en grec, qui coûte trente sous ; les *Instructions,* de Lyon, l'*Écolier chrétien,* l'*Instruction pour la Première communion,* l'*Imitation,* en latin ; l'*Instruction pour la Confirmation,* la *Conduite,* de Noailles, la *Connaissance de Jésus,* un recueil de *Cantiques.* Une *Association* ou *Petit-Oratoire,* qui a sa chapelle, son règlement, ses fêtes particulières et sa bibliothèque, maintient, dans un groupe d'élite, une poignée d'élèves plus pieux, plus décidés à faire passer la religion, pratiquée avec loyauté, avant toutes choses[1].

1. *Archives de Juilly.*

Un grand courant d'esprit de foi vivifie donc le collège ; et je n'hésite pas à penser qu'on répétait à ses habitants cette recommandation faite aux élèves de Troyes : « Le travail et l'exactitude à remplir tous les devoirs sont la prière la plus agréable à Dieu [1]. »

II

Le dernier prospectus publié avant 1789, et qui date de 1786, annonce en ces termes ce qu'est l'*Académie royale de Juilly* : « Cette académie n'est point une École militaire, mais un pensionnat où l'on enseigne toutes les parties des Belles-Lettres et des Sciences qu'il est d'usage d'apprendre dans les collèges, à commencer par les premiers éléments, jusqu'à la philosophie. » L'*Almanach de Meaux*, de 1789, est plus explicite : « Indépendamment des humanités, de la rhétorique et de la philosophie qui s'y fait en un an, on y enseigne les mathématiques, les fortifications, l'histoire, la géographie. »

Je vous propose, Messieurs, une excursion rapide dans les classes, afin de constater les différences qui séparent l'instruction actuelle de celle de vos ancêtres. Nous prendrons, pour nous diriger, le Père préfet, le P. Prioleau, à qui les règlements de l'Oratoire imposent l'obligation de visiter les classes, d'y prendre la parole, d'y contrôler l'enseignement du maître et les progrès des élèves.

Vos camarades, je vous l'ai dit, étaient répartis en

1. *Règlement du collège de Troyes.*

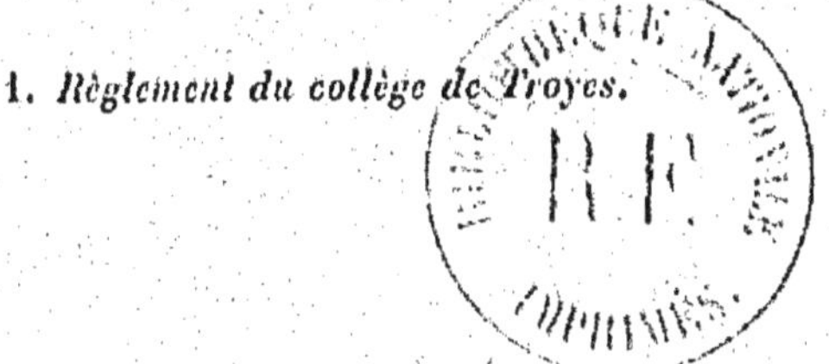

sept chambres communes, ou salles d'étude : il y avait deux septièmes, où l'on entrait quand on savait lire et écrire. Les leçons, à l'étude, sont récitées aux décurions, sous la surveillance du préfet de chaque division : la classe doit être tout entière consacrée à la correction des devoirs, à l'explication des textes. Pour ne pas fatiguer l'esprit, les exercices ordinaires varient chaque demi-heure.

En septième, le *Rudiment*, en français, initie les débutants aux premières difficultés de la langue de Cicéron et de Virgile ; l'*Epitome historiæ sacræ* leur fournit le texte de leurs premières versions, et des *Thèmes* d'imitation leur permettent de faire usage des connaissances acquises ; l'étude de l'orthographe, celle de l'*Histoire sainte* complètent le cercle à parcourir. Un *Apparat,* ou recueil de phrases prises aux bons auteurs, est entre leurs mains ; ils en traduisent les plus faciles et accoutument peu à peu leur goût naissant à sentir les beautés littéraires [1].

La sixième voit se continuer l'étude des éléments de la langue latine et de la langue française. On remet aux écoliers un *Dictionnaire latin-français* de Boudot [2], le *Dictionnaire français-latin* de Lallemant, un *De viris,* qui coûte quinze sous ; un *Phèdre,* pour

1. Le Palmarès de 1789 indique en septième un prix de *Thème* et un prix d'*Histoire sainte.*

2. Boudot, *Dictionarium universale, latino-gallicum, ex omnibus latinitatis auctoribus summa diligentia collectum,* in-8. — Lallemant, *Dictionnaire universel français-latin,* dont la première édition parut en 1705, sous ce titre : *le Petit apparat royal.*

vingt-quatre sous ; un *Nouveau Testament*, un *Appendix de Diis*, un *Selectæ*, pour trentre-six sous ; la *Géographie* s'unit à l'*Histoire sainte*, comme objet d'étude, avec la première partie de l'*Atlas* de Brion. Un examen solennel, qui a duré la semaine de la Passion, après des compositions générales, a mis en évidence les plus laborieux écoliers à qui on a donné des prix. Au jour solennel de la clôture, on rappelle leurs noms : il est facile de les retrouver dans la liste des lauréats qui ont des prix d'*Excellence*, de *Thème latin*, de *Mémoire*, d'*Explication publique des auteurs*, de *Géographie* [1].

La cinquième n'apporte aucun élément nouveau aux matières d'éducation. C'est toujours le latin et le français qui demeurent l'axe de l'enseignement. Le simple rudiment est remplacé par la *Méthode de Port-Royal*, qui coûte vingt-quatre sous ; les auteurs d'explication nouveaux sont *Cornelius Nepos*, pour seize sous ; un *Phèdre*, pour vingt-quatre sous. On lie connaissance avec les poètes latins ; les *Éléments de poésie latine*, qui sont distribués au mois de mai, ouvrent le domaine enchanté du Parnasse romain. Là, après une lutte deux fois séculaire contre la lourdeur des mots, contre l'ingratitude de l'inspiration primitive, grâce aux efforts vaillants d'un Ennius, d'un Lucilius, d'un Lucrèce, le vers s'envole, presque aussi léger et gracieux qu'en Grèce, des lèvres et de la lyre d'Horace, de Virgile, de Tibulle et d'Ovide...

1. Palmarès de 1789.

Il n'est jamais trop tôt pour que l'oreille du jeune écolier se familiarise avec tant de rythmes savants et délicats ; pour que son imagination s'imprègne de ces couleurs suaves, dont ces chantres d'Ausonie — comme ils s'appelaient — ont ravi le secret à leurs maîtres de l'Hellade.

> La muse des Latins, c'est de la Grèce encore ;
> Son miel est pris des fleurs que l'autre fit éclore...[1]

Mais une initiation est nécessaire : à vos aînés, Messieurs, elle était offerte d'assez bonne heure pour que, avec les anciens, ils en vinssent à boire, avec délice,

> Au calice fécond de sagesse et de grâce[2],

d'Horace, à la coupe attendrie et mélancolique de Virgile.

Les régents de 1789 ne se sont point contentés d'expliquer les endroits difficiles des auteurs, d'en éclairer le texte par des notions historiques, géographiques ou mythologiques[3]. Dès la cinquième, ils orientent l'intelligence de leurs élèves vers les chefs-d'œuvre de la littérature française. Dans les écrivains latins ils ne considèrent que des auxiliaires, par qui ils connaîtront et feront connaître davantage nos vrais maîtres. S'ils interprètent Phèdre, par exemple, ne pensez pas qu'ils se renfermeront dans la traduction

---

1. Sainte-Beuve, *Pensées d'août*.
2. *Ibid.*
3. J'emprunte ces détails aux *Prospectus* et *Palmarès* du temps, que renferment les *Archives* du collège.

étroite de ce fabuliste, si sec dans l'art de narrer, si maigre dans sa hardiesse de dramatiser, pur et élégant, je le veux bien, mais ne parlant jamais à l'imagination. De Phèdre, ils vont, Messieurs, à l'un des vôtres, qui a connu vos cloîtres, admiré vos ombrages, respiré, avant vous, les brises chargées d'aromes salubres qui vous caressent, montant de la plaine blonde où les blés ondulent sous le soleil de juillet; qui, pendant dix mois, vous a précédés à la chapelle, au parc, au travail et à la prière. — Il est vrai qu'en venant ici, pour plier son âme sous l'austérité et la régularité d'une vie commune, il suivait le mirage d'une de ses plus heureuses distractions. — Qu'importe! L'Oratoire ne l'oublia jamais, et j'imagine l'accent d'admiration émue — et je voudrais que vous pussiez le retrouver dans ma bouche — avec lequel le professeur de cinquième citait le fabuliste qui a fait pâlir Ésope et Phèdre, le poète qu'on a justement nommé l'Homère des Français, votre immortel juliacien — La Fontaine [1].

C'est aussi en cinquième qu'on aborde l'*Histoire ancienne;* la géographie, en même temps, ressuscite au regard le monde connu des anciens, et déploie devant lui tantôt les préfectures qui composaient l'*Orbis Romanus,* tantôt les parties du monde que renfermait l'*Orbis Barbarus.*

---

1. *Exercices de MM. les Pensionnaires de l'Académie royale de Juilly,* 1783. « Les élèves de cinquième réciteront par cœur les trois derniers livres des *Fables* de Phèdre, et celles de La Fontaine qui y ont rapport. »

Comme en sixième, les examens solennels ont lieu deux fois l'an. Outre celui de Pâques, un autre, plus rigoureux, environné d'une pompe plus grande, sert de base au Père préfet pour appuyer sa décision sur le choix qu'il doit faire entre les élèves capables de poursuivre le cours de leurs études et ceux qui sont dans la nécessité de doubler. L'Oratoire, en effet, et dès la seconde moitié du dix-septième siècle [1], avait créé ce que nous appelons aujourd'hui des examens de passage. Ils n'étaient point qu'un vain simulacre propre à effrayer quelques paresseux et à épouvanter certains parents, trop indifférents aux progrès de leurs fils. Soucieuses du bon renom de l'Oratoire, comme pédagogue, les *Assemblées* prescrivent cette épreuve; les visiteurs veillent à ce qu'elle ne tombe pas en désuétude. A Juilly, elle se passait en présence du Père général; des prix récompensaient ceux qui s'y étaient distingués. A la fin de la distribution solennelle, on proclamait le résultat de l'examen, dans la *Nomination générale*, sous cette rubrique : *Inter insignes, bonos, mediocres, dubios, manent,* que l'on peut traduire ainsi : *très bien, bien, médiocre, douteux, mal;* ceux qui étaient marqués de cette note, *manent,* étaient condamnés à doubler ou à quitter le collège [2].

1. « Tempore induciarum imminente, scholasticos examinet præfectus, duobus aliis ad id munus obeundum a superiore cooptatis, penes quos de promovendis ad superiorem ordinem scholasticis cum præfecto judicium esto. » (*Regulæ a Professoribus... observandæ*, 1634.)

2. En cinquième : *Prix d'excellence, de Thème; Prix d'Examen*

En entrant dans la quatrième[1], nous pénétrons, de plus en plus, dans le sanctuaire des belles-lettres, où le goût s'affine, où l'imagination s'éveille aux nobles enthousiasmes du beau et du vrai. Ovide, Virgile, deviennent les maîtres que l'on propose à l'admiration des enfants.

Cicéron, avec son *De Senectute*; César, avec ses *Commentaires*; Eutrope, Quinte-Curce, Justin, complètent le programme des auteurs qui sont traduits[1]. Dans Virgile, on s'en tient aux *Églogues*, aux épisodes des *Géorgiques*. Cette fois, on ose imiter les poètes; la bibliothèque des élèves s'est accrue d'un *Gradus ad Parnassum*. La géographie s'occupe de la France, de sa division en petits et grands gouvernements, des rivières et des principales montagnes. Pendant les heures vouées à l'histoire, il est traité des Grecs; on insiste sur les guerres médiques, sur la guerre du Péloponèse; on s'arrête sur les lois, la religion, sur l'état des sciences, des arts et des belles-lettres. L'étude des sciences, à peine esquissée jusqu'ici, prend aussi de plus amples proportions; celle de l'arithmétique s'étend jusqu'aux opérations sur les fractions[2].

En troisième, on termine le cours de grammaire

de *Pâques*; de *Version*, de *Récitation*, d'*Histoire ancienne*, de *Géographie*, d'*Examen de fin d'année*.

1. Un *Virgile* coûte 24 sous; un *Ovide*, 50 sous; un *Eutrope*, 16 sous. — le *Gradus*, 4 livres 10 sous.

2. Distribution des prix : Prix d'*Excellence*, de *Thème latin*, de *Version latine*, de *Récitation*, d'*Explication*, d'*Histoire grecque*, de *Géographie*, d'*Examens*.

proprement dit. Dès la rentrée, on explique Florus, Ovide encore, l'*Énéide* de Virgile, le *Pro Ligario*, le *Pro Milone;* les vers latins prennent plus d'extension; les thèmes suivent toujours la même méthode d'imitation. C'est l'histoire romaine qui est étudiée, avec cette division naturelle : époque des Rois, la République, l'Empire. L'explication de Virgile, comme celle de Florus, ne se fait pas dans le vide; les yeux, ainsi que l'esprit, ont leur aliment. Car, à l'examen de fin d'année, le public est averti que *MM. les écoliers de troisième indiqueront sur la carte des Gaules et sur celle de la navigation d'Énée les lieux dont les noms se rencontreront dans le cours de leurs explications.*

La géographie fait parcourir l'Europe. Le professeur et ses élèves s'aident de la quatrième partie de l'atlas de Brion de la Tour. L'étude de la langue grecque commence enfin, mais dans une classe libre, ouverte seulement aux bonnes volontés. La *Grammaire grecque*, qui est l'abrégé de la *Méthode de Port-Royal* [1], est distribuée en même temps que les *Racines grecques* de Lancelot, les *Fables* d'Ésope, les *Actes des Apôtres*. Deux cours reçoivent ceux qui s'adonnent à l'hellénisme, sous le P. Macquet. On y voit successivement la *Cyropédie*, la *Retraite des Dix Mille*, l'*Iliade*, le *Songe* et les *Dialogues des morts* de Lucien, les *Philippiques*, la *Vie de Cicéron* par Plutarque [2].

1. Elle se vend 30 sous ; les *Fables* d'Ésope, 4 sous ; le Ier livre de l'*Iliade*, 12 sous.

2. Au Palmarès, on voit des prix d'*Excellence*, de *Version latine,*

La classe de seconde s'appelait les *Humanités* : un beau nom que celui-là, Messieurs, qui révèle la haute idée qu'autrefois on avait de l'instruction classique, surtout lorsqu'il désignait l'ensemble même des exercices littéraires et scientifiques d'où l'on devait sortir un homme ! Les *humanités*, c'est-à-dire la culture intégrale de l'âme, sans divorce entre ses facultés, sans schisme entre ses puissances d'intelligence et de cœur ; et ainsi, dans l'enfant et dans l'adolescent, on menait de front le développement de leur être moral ; on soignait le progrès de leur goût, de leur esprit, de leur jugement et de leur conscience ; on faisait des hommes ! Ah ! des hommes, c'est ce que la patrie demande : des hommes de foi, des hommes d'énergie, des hommes de caractère et d'honneur. — Et, Messieurs, si nous sommes avec vous, c'est que, prêtres et Oratoriens, nous avons la prétention d'être mieux outillés pour réussir dans cette tâche difficile et glorieuse que bien d'autres. Notre histoire d'hier ne répond-elle point de celle d'aujourd'hui ?

En seconde s'achève la formation du latiniste, du lettré même, capable de distinguer les beautés des auteurs qu'il fréquente. On lit *Horace, Salluste,* les *Catilinaires* ; on n'abandonne point Virgile [1]. Les *Fables* de La Fontaine, le *Petit Carême* de Massillon, les *Odes choisies* de J.-B. Rousseau servent de texte

de *Thème latin,* de *Vers latins,* de *Récitation,* d'*Histoire romaine,* de *Géographie,* de *Mathématiques,* de *Grec,* d'*Examens.*

1. L'*Horace* coûte 24 sous ; le *Salluste,* 22 sous ; *La Fontaine,* 48 sous ; le *Petit Carême,* 33 sous.

aux explications françaises. On fait leur part plus large aux vers latins, aux narrations latines et françaises. Les versions dictées sont régulières chaque semaine; elles sont prises à Pline le Jeune, à Sénèque, à Properce[1]. Parmi les sujets proposés d'amplification latine je signalerai ceux-ci : *De Alexandri insanis expeditionibus; Volucres de rege faciendo deliberantes; Trajano imperatori.* Entre autres matières d'amplification française je trouve encore : *La vie n'est qu'un songe ; Portrait du monde ; les Oranges ; Portrait d'un conquérant orgueilleux*[2].

1. *Archives* de Juilly.

2. *Ibid.* — A la Bibliothèque nationale (F. L. 17893, fol. 38) on peut lire un spécimen de l'explication d'Horace, telle qu'elle se pratiquait alors à Juilly. Il s'agit de l'ode : *Justum et tenacem.* Elle est traduite d'abord en français : « L'homme juste et ferme dans ses desseins n'est ébranlé ni par les efforts d'un peuple furieux et injuste, ni par la violence du vent de midi, qui règne avec tant d'empire sur la mer Adriatique, ni par la foudre même de Jupiter. Si le ciel tombait, il le recevrait accablé sous ses ruines et sans craindre. » Puis vient une traduction amplifiée de cette traduction française :

« Numquam hominem qui se suâ æquitate ab omni improborum metu immunem præstat, qui proposito susceptoque consilio, non quovis tamen, sed recto, firmiter stat, tumultus seditioque civium, leges iniquas ferentium', non præsens tyrannus, intentam mortem et quippiam minus rectum imperans, ab æquitate et proposito dimovebunt : non procellæ quæ gravissimæ excitantur ab Austro meridionali, vento in Adriatico mari, quod Italiam ab oriente claudit; non, si fulmina vibraret Jupiter, justus ab æquitate et constantia desciscet; denique, si cœlum ruat, et in caput justi et constantis hominis labatur, impavidus non terrebitur ruinis. » Enfin, suit un commentaire qui donne la solution des difficultés : « Hâc voce, *si fractus illabitur orbis* alludit Horatius ad rudes

En seconde, l'histoire de France devient une des matières de l'enseignement : l'auteur que l'on suit est un ancien Oratorien, Pons-Augustin Alletz, qui naquit à Montpellier en 1703, entra à l'Oratoire en 1723 et le quitta en 1729 [1]. Polygraphe de valeur, il a vulgarisé, à l'usage des classes, les connaissances amassées par des spécialistes. En 1769, il publiait son *Tableau de l'Histoire de France*, en deux volumes, jugé avec faveur dans la *Bibliothèque historique* du P. Lelong : « La méthode de l'auteur est concise, dit le savant Oratorien, sans être décharnée ; il offre à ses lecteurs ce qu'il y a de plus intéressant dans notre histoire [2]. » Le sous-titre du livre légitime cet éloge : *Tableau de l'Histoire de France, depuis le commencement de la monarchie jusqu'à la fin de Louis XV, représentant le caractère et les actions principales de chaque roi, les événements les plus intéressants de son règne, les hommes célèbres, les progrès des sciences et des arts et les changements arrivés dans les mœurs.* Les élèves de seconde s'arrêtent au règne de François Ier. Dans un *Programme*, l'indication est donnée qu'on accompagne de « lectures » la récitation du texte d'Alletz.

C'est là, Messieurs, une de vos plus précieuses

homines illos qui perpetuo timebant ne cœlum ruerel ; qui metus, longo post tempore, inter populos quondam serpserat, ut apud Celtos videre est, qui sciscitanti ab eis Alexandro victori quid ipsis sibi timendum magis videretur responderunt se nihil timere magis quam ne cœlum ruerel, etc. »

1. Adry : Bibliothèque nationale : F. Fr. 25681.
2. *Bibliothèque historique de la France.*

traditions : c'est à Juilly même que l'étude de l'histoire de France a pris naissance. Avant que les Jésuites y pensassent, tandis que ّUniversité emprisonnait ses nourrissons dans !ٶ époques fameuses des Grecs et des Romains, ici on élargissait l'horizon moral de l'adolescent; on lui apprenait à connaître et à aimer la France; et, quand on l'avait mis en face de nos grands hommes, de nos héros et de nos saints français, se pouvait-il qu'il se résolût à n'être qu'une âme vulgaire? C'est pourquoi Juilly sonne si doux à l'oreille et au cœur : on y a toujours vécu pour la France, et combien de ses enfants, à travers les âges, ont été heureux de mourir pour elle !

Les mathématiques, pour les élèves de seconde, aboutissent, en arithmétique, aux *Logarithmes*, en géométrie, aux *Lignes proportionnelles* et aux *Plans*; avec Bezout, pour guide, dont les deux premiers livres leur sont distribués : les *Éléments d'Arithmétique*, et les *Éléments de Géométrie, de Trigonométrie rectiligne, de Trigonométrie sphérique* [1].

La rhétorique, tout en mettant fin aux humanités proprement dites, n'en clôt cependant point le cycle; si elle prépare directement à l'art de bien dire, elle se

1. Voici le titre de l'ouvrage : *Cours de mathématiques à l'usage des gardes du Pavillon et de la Marine*, par M. Bezout, de l'Académie royale, chez Pierrès, 1789.

Le Palmarès porte des *Prix d'Excellence*, de *Narration française*, de *Narration latine*, de *Version latine*, de *Vers latins*, de *Récitation*, d'*Histoire de France*, de *Géographie*, de *Mathématiques*, de *Grec*, d'*Examens*.

retourne encore vers les poètes et vers les historiens.
En 1789, on y expliquait l'*Agricola*, de Tacite; l'*Art
poétique*, d'Horace; le *Pro Milone*, de Cicéron.
Boileau grossit le nombre des auteurs : ne faut-il
pas rapprocher son *Art poétique* de celui d'Horace?
Les versions dictées sont empruntées à Juvénal, à
Lucain, à Quintilien, à Pline l'Ancien. Le cours de
rhétorique est dicté, par le professeur, en français :
les exemples qu'il propose sont tirés de Racine, de
Bossuet, de Massillon, de Corneille, de Boileau, de
d'Aguesseau, de J.-B. Rousseau, etc. Des exercices
de critique et d'analyse littéraire le mettent en mesure de juger ses élèves. Un cahier de l'Oratoire de
Paris en conserve quelques-unes où il est traité de
l'*Énéide*, de la *Pharsale*, de la *Henriade*. J'insiste sur
cette méthode si féconde des rapprochements entre
des littératures diverses; rien de plus propre à enri-
chir l'esprit, à piquer l'attention, à façonner le goût.
Elle florissait à l'Oratoire — surtout à Juilly. En rhétorique s'en tiendra-t-on seulement à la forme, sans
se préoccuper du fond? Le P. Morin, dans son *Ratio
studiorum*, de 1645, — dans lequel, Messieurs, il
prescrit beaucoup de ce qui se faisait déjà chez
vous, — veut « qu'on se propose plus les choses que
les mots, et ce qui peut former l'esprit et le cœur encore plus que le langage et le style ». Dans les *Exercices* ou *Examens publics*, les élèves « doivent montrer
*le dessein et l'ordre de chaque ouvrage, la suite des
raisonnements, la force et la beauté des pensées,* —
voilà pour le fond, et ce qui prime tout, — *la justesse*

et la propriété des expressions » : la forme ne vient qu'après.

Les exercices littéraires ne portent aucun préjudice aux études historiques et géographiques qui étaient si en honneur dans la Congrégation bérullienne. On finit l'histoire de France depuis François Ier à Louis XVI. Pour la géographie, on se sert de l'atlas de Buache, et de la *Concorde de la géographie*, par l'abbé Pluche, dont le premier livre seul est utilisé. Il présente un grand intérêt ; car il est partagé en différents voyages maritimes autour de l'Afrique, de l'Asie, de l'Amérique, de l'Europe. L'algèbre, toujours d'après Bezout, avec les applications de l'algèbre à l'arithmétique et à la géométrie, donne le moyen de résoudre toutes les difficultés des mathématiques [1].

J'oubliais, Messieurs, une particularité relative à la manière dont les Oratoriens de 1789 entendaient l'explication des auteurs grecs et latins : c'est qu'ils autorisaient les traductions. Ils se pouvaient couvrir d'une grande autorité ; le plus fameux pédagogue de l'Oratoire, le P. Lami, veut, en 1683, que les élèves se servent de traductions interlinéaires, qui font « que le latin répondra au français [2] ». Il y a cent ans, les traducteurs ne manquaient point à l'Oratoire, même

1. Le Palmarès de rhétorique porte des prix [d'*Excellence*, d'*Amplification latine*, d'*Amplification française*, de *Discours latin*, de *Version latine*, de *Vers latins*, d'*Histoire de France*, de *Géographie*, de *Récitation*, de *Mathématiques*, d'*Examens*.

2. *Entretiens sur les Sciences*, p. 133 et 138.

parmi les régents de Juilly : Mongault, de l'Académie française, interprète des *Lettres à Atticus;* Jean Terrasson, qui a traduit *Diodore de Sicile;* Legras, qui a traduit *Cornelius Nepos;* de la Bletterie et Dotteville, traducteurs, l'un de *Tacite,* l'autre de *Salluste* et de *Tacite.* Les comptes de l'économe marquent des traductions de *Cornelius Nepos,* par l'abbé Paul; d'*Horace,* par Le Batteux; de *Florus,* par Gaillier; de *Salluste* et de *Tacite,* par Dotteville; de *Virgile,* par Desfontaines; l'*Iliade,* de Lebrun [1].

Le cours de philosophie ne durait qu'un an — on a grand soin de le dire dans le prospectus. — Et pourquoi? Le P. Adry [2] approuve cette mesure « parce qu'on avait soin, dit-il, d'écarter toutes ces questions oiseuses qui obligent, dans presque tous les autres collèges, de consacrer une année entière à la logique, la métaphysique et la morale spéciale ».

Dès la fondation des premiers collèges, l'attention des supérieurs de l'Oratoire s'était portée sur les programmes à déterminer pour les classes de philosophie. Le cartésianisme, le jansénisme, avaient rendu nécessaires des prescriptions minutieuses, étroites même. Le 13 octobre 1749, le conseil de la Congrégation décidait qu'il « ne serait point permis aux professeurs de philosophie d'user dans leurs cahiers des extraits d'auteurs français [3] ».

1. Il s'agit de Charles-François Lebrun, duc de Plaisance, membre de l'Assemblée Constituante, qui publia, en 1774, une traduction élégante des œuvres d'Homère.
2. *Notice sur le collège de Juilly,* 2ᵉ édit., p. 29.
3. *Arch. Nat.,* MM. 590.

En 1788, un mémoire avait été lu à l'assemblée « où l'on demandait qu'on introduisît un auteur imprimé dans les classes de philosophie[1] ». C'est à cette méthode qu'on s'était décidé à Juilly. On suivait l'*Abrégé latin de philosophie avec des notes en français* de l'abbé Hauchecorne, professeur de philosophie au collège des Quatre-Nations.

Au mois d'avril, les meilleurs élèves soutiennent des thèses publiques[2] de *Logique*, de *Métaphysique*, de *Morale*. Les sciences s'augmentent, par l'étude de la *Mécanique*, de la *Chimie*, de la *Physique*[3]. Des expériences publiques de physique se faisaient à la fin de l'année, et les philosophes soutenaient aussi une « thèse générale de physique »; à la théorie, ils joignaient la pratique. Enfin, même pour eux, l'étude de la géographie restait familière; ils avaient à leur service l'*Atlas* de d'Anville[4]; ils perfectionnaient leurs connaissances historiques par une revue de l'*Histoire universelle*[5].

1. *Arch. Nat.*, M. 217.
2. L'impression leur coûte à chacun 24 livres.
3. *Mécanique*, par l'abbé Ch. Bossut, de l'Académie des sciences.
Traité élémentaire de Chimie, que vient de publier Lavoisier, 1789.
Leçons de physique expérimentale de l'abbé Nollet. — Un élève achète aussi le *Dictionnaire de physique* de Sigaud de la Tour, en 5 vol., pour 24 livres.
4. Bourguignon d'Anville, de l'Académie des inscriptions et belles-lettres, naquit à Paris en 1697, et mourut en 1782.
5. Le Palmarès porte la mention des prix suivants : *Philosophie, Dissertation, Histoire universelle, Géographie ancienne, Mathématiques*.

Ce voyage à travers les classes de votre collège, Messieurs, n'aurait point son intégrité si nous ne visitions l'*Académie particulière*, composée de pensionnaires choisis, et qui tient chaque mois des séances où on lit des ouvrages en vers et en prose qu'ont écrits ses membres. Les principaux élèves des hautes classes formaient entre eux une société dont les statuts, le but et le dessein la rapprochaient de l'Académie française. Un chancelier, un président, deux secrétaires et quatre officiers constituaient le bureau. Chaque membre admis prononçait, à son entrée, un discours auquel le président répondait en lui rappelant les devoirs attachés à sa nouvelle dignité et l'obligation de se distinguer désormais dans le collège par une conduite irréprochable, aussi bien que par un travail soutenu. L'Académie décerne, à la fin de l'année, des prix aux plus remarquables des compositions qu'elle a entendues. Les académiciens portent à leur habit un ruban rouge; le président est décoré d'un large ruban soutenant une croix en sautoir[1]. «Cette institution, ajoute Mgr Perraud, qui accoutumait les jeunes gens à des idées d'ordre, de justice et de dignité, qui faisait naître en eux le goût des lettres, et qui les préparait aux divers exercices de l'éloquence, entretenait surtout parmi eux une noble émulation pour les lettres et pour la science. »

En 1789, les prix distribués par l'Académie sont de

---

1. D'après une note originale de Mgr Perraud, conservée aux Archives du collège.

Vers latins et de *Discours latin* en rhétorique; de *Vers latins,* en seconde; d'*Excellence,* en troisième et en quatrième.

Quelques académiciens sont chargés de répondre, le 20 août, aux exercices solennels de *Mathématiques :* Brochant de Villiers, de Mantes; Roger de Fouscolombe, d'Aix; François de Montbel, de Paris; Jean de Merceron, de Saint-Domingue; Prévost de Longpérier, de Meaux, sur *l'arithmétique, la trigonométrie rectiligne et sphérique, l'algèbre, le calcul différentiel, le calcul intégral et les applications de l'algèbre, du calcul différentiel et du calcul intégral à la géométrie élémentaire, aux sections coniques et aux courbes* [1].

1. Voici quelques théorèmes et problèmes proposés : « Dans les triangles rectangles : 1º le rayon est au sinus d'un angle aigu, comme l'hypoténuse est au côté opposé à cet angle aigu; 2º le rayon est à la tangente d'un angle aigu, comme le côté adjacent à cet angle aigu est au côté opposé au même angle. Avec ces deux principes, déterminer les angles ou côtés qu'on voudra dans un triangle rectangle, connaissant seulement deux côtés ou un angle aigu et un côté. — Donner une formule générale pour élever à une puissance proposée un binôme simple ou composé, l'exposé de cette puissance étant positif ou négatif, entier ou fractionnaire. — Extraire une racine, de degré quelconque, d'une petite quantité littérale complexe. — Appliquer la formule ci-dessus à l'extraction et à l'approximation numérique des racines. — Déterminer les asymptotes des courbes. — Déterminer quand il y a un *maximum* ou un *minimum,* ou tous les deux dans une phrase algébrique. — On peut intégrer toute différentielle binôme de la forme $gx^m dx [a + bx^n]^p$; 1º quand p est positif; 2º lorsque $n - m = 1$; 3º lorsque $m + 1$ donne un nombre entier positif; 4º lorsqu'en lui donnant la forme $gx^{m+pn} dx [ax^{-n} + b]^p$ on peut la ramener au troisième cas. (A Paris, chez Lottin, août 1789.)

Mais peut-être, Messieurs, êtes-vous curieux de savoir en quel endroit se faisaient les classes ? Il n'a guère changé aujourd'hui. Elles se succédaient dans le cloître qui s'ouvre sur la cour des grands, à partir du cabinet actuel du préfet des études, où était la sixième ; la dernière salle appartenait à la rhétorique. Là, grandissent quelques-uns de vos camarades dont la mémoire sera entourée d'une auréole glorieuse : Maurice d'Albignac, qui devint lieutenant général d'infanterie après avoir conquis ses grades sur les champs de bataille de l'Empire, et mourut commandant de l'École Saint-Cyr ; Desvaux de Saint-Maurice, qui fit les campagnes des Alpes, d'Italie, assista aux batailles de Raabor, de Wagram, et fut tué à Waterloo à la tête de sa batterie ; Paultre de la Motte, mort en 1840, lieutenant général de cavalerie, après une carrière brillante ; Lafon de Blaniac, qui assista, comme lieutenant au 5e chasseurs à cheval, à la bataille de Hondschoot, fut aide de camp de Berthier, en Égypte, fut nommé colonel à la bataille d'Alexandrie, où, blessé d'un coup de feu à bout portant et criblé de blessures, il refusa de se rendre, et qui mourut général de division ; Rohault de Fleury, élève de sixième, qui, plus tard, au sortir de l'École polytechnique, où il rencontrait Biot et se faisait aimer de Monge, élève des Oratoriens de Beaune, fut créé capitaine d'artillerie à Austerlitz, prit part aux campagnes de Prusse, de Pologne, d'Espagne, organisa les fortifications de Lyon, et assista au siège de Constantine ; Alfred de Noailles, qui fut tué, à vingt-huit ans, comme colonel, au passage de la Bérézina, dans la charge des cuirassiers de Doumerc; Meyronnet de Saint-Marc, Canavas Saint-Amand, qui reçut deux coups de sabre à la tête et mourut général. En septième et en sixième, vous rencontrez les noms de Henri et de René de Bonald; leur parent, — le fameux vicomte de Bonald, quittait Juilly en 1772; — Gabriel de Cassini, dont le père est directeur de l'Observatoire de Paris, ancien élève de Juilly lui-même, qui devint conseiller à la cour de cassation, et mourut pair de France en 1830. Citons encore Gaëtan de la Rochefoucauld, Mony, Levavasseur, Héricart de Thury, le fondateur du Musée de Cluny; Brisson, un des organisateurs de l'École des ponts et chaussées; le comte de Gasparin. Muiron, Chênedollé, Arnault, Coriolis d'Espinouse, Choron, avaient dit adieu au collège depuis un an ou deux. Quelques années se passeront; Jérôme Bonaparte ainsi que Berryer viendront s'asseoir sur vos bancs[1].

III

L'année ne s'était point écoulée sans quelque halte et sans quelque repos. Des jours de divertissement interrompaient la série des travaux. Nos pères du dix-huitième siècle connaissaient trop bien la jeunesse pour ne point savoir que l'effort continu est contraire à sa nature, et qu'en lui demandant trop on court grand

1. *Une École française, le Collège de Juilly*, par le P. Bannache, pp. 40 et suiv.

risque d'obtenir peu. Dans les autres pensionnats de l'Oratoire, les congés se caractérisaient non seulement par la cessation des classes, mais encore par des sorties dont les élèves bénéficiaient pour se rendre dans leurs familles ou chez leurs correspondants. A Juilly, les sorties étaient inconnues. Les enfants ne voyaient leurs parents que lorsque ceux-ci les venaient voir. Encore redoutait-on les visites fréquentes et prolongées comme « une source de distractions qu'il fallait éviter ». Le prospectus ajoute : « On peut, en partant de Paris, aller et revenir le même jour. On saura gré aux parents de prendre leurs arrangements en conséquence, et d'arriver vers midi qui est l'heure du dîner. » Du reste, pour ceux qui désiraient passer la nuit, six chambres étaient disponibles, à l'ameublement confortable et élégant [1]. Des rideaux de toile d'Orange, de grands rideaux d'indienne, décoraient les fenêtres ; des courtes-pointes de siamoise couvraient les lits. Un salon attenait aux chambres, orné des portraits de Bérulle, de Condren, de Retz, de Louis XIV, de Louis XV. Très probablement, ces appartements restaient toujours occupés pendant les congés et aux jours des fêtes. Une des plus attendues, parce qu'elle annonçait les vacances, est la visite que le P. Moisset, général de l'Oratoire, fait au mois d'août. Il assiste aux examens et aux expériences publiques de physique, conduit, ou plutôt, à cause de son grand âge, porté dans son grand

---

1. Elles sont devenues le bureau de l'économe, du comptable, et le salon de lecture.

fauteuil noir[1]. Il préside à la distribution des prix, entouré d'invités que le voisinage de Paris attire facilement à Juilly. C'est à la salle actuelle du théâtre que le P. Mandar a fait bâtir, — appelée la *Salle des Actes*, — qu'elle a lieu. Une *Pastorale* a été jouée, parce que le régime de l'Oratoire interdit les représentations dramatiques ; un orchestre ajoute le charme de ses harmonies aux décorations qu'a fournies le tapissier de Dammartin, afin de rehausser la solennité. Les élèves couronnés ont entendu leurs noms proclamés : ils ne se lèvent pour recevoir leurs prix qu'au moment où le P. préfet s'écrie : *Accedat !* Rangés sur la scène, les acteurs de la pastorale, une couronne à la main, l'agitent au passage sur la tête des vainqueurs. La distribution terminée, le préfet élève la voix, en s'écriant : *Vacat...* Puis il frappe dans sa main. Et le mot de Virgile reste vrai :

Panduntur portæ...juvat ire...

Quel jour, jour de prestige ou riche d'ignorance,
   Où s'ouvrait tout le siècle d'un mois ;
Ce jour où le moyen, le grand et le minime,
   Inondaient les cantons, criant : *Comme on anime*[2] !

1. Coriolis d'Espinouse, au banquet de 1838, racontait que le P. Moisset dormait volontiers pendant les compliments qu'on lui adressait. — 2. *Ibid.* « Ce mot tout juliacien, dit ce même auteur, n'est pas traduisible. *Comme on s'amuse*, en affaiblirait la brûlante énergie. » Ce jour-là, on chante une chanson du P. Mandar :

Au sein de l'allégresse,   Dans son canton immense,
  Des jeux et des ris ;   Le vieux Carabas ;
Partons, belle jeunesse,   Avec impatience,
  Partons pour Paris.   Vous attend là-bas.

La dépense pour l'achat des prix se monte à 395 livres. Certains lauréats ne reçoivent pas que des ouvrages, mais bien un étui de mathématiques. Dans le courant de l'année, d'autres récompenses, probablement destinées aux plus jeunes, ont peut-être excité plus d'envie, chez quelques-uns, que ces savants instruments réservés aux élèves des sciences.

Le 23 novembre et le 31 juillet, le P. supérieur a distribué des dragées à tous les premiers de chaque classe.

L'éducation n'a-t-elle point ses sourires ? Aux heures pénibles, celle de Juilly faisait succéder des heures douces. Les promenades remplissaient les jours de congé : à Vinante, à Nantouillet, à Montgé, à Villers-Cotterets même. Une des plus recherchées devait être l'excursion de Thieux où, depuis 1786, était établie, sous l'inspection de M. de Montaran, dans le château du village, une manufacture très curieuse. « Une société de plus de quarante Indiens, dit l'*Almanach de Meaux* de 1786, y travaillent, avec la délicatesse qui leur est propre, des mousselines, des bazins, des nankins. Ils marchent avec des sandales et vêtus de saïes grotesques ; pour se garantir de la pluie, ils entassent des linges et des étoffes sur leurs têtes. D'ailleurs, ils paraissent gais et animés. »

Les récréations n'étaient pas moins bruyantes et aimées qu'aujourd'hui. Chaque préfet y suivait ses élèves, partageant leurs jeux, les excitant et les encourageant. Vos cantons, bordés de si beaux arbres, Messieurs, ont été d'abord tracés pour le jeu de paume : ils se changeaient souvent en *sautoirs*. Les balles, les ballons, les cerceaux, les toupies entraient pour des proportions considérables dans la dépense mensuelle des juliaciens de 1789. Vient-il à pleuvoir ? Est-ce pendant l'hiver où toute sortie est impossible ? Dans les chambres, cornets à trictrac, onchets, distraient et amusent. De grandes cartes géographiques ou blasonnées, appendues aux murailles, servent d'aliments à la curiosité et au délassement des plus grands, tandis que, s'ils le veulent, d'autres se livrent au jeu de billard, où triomphent les mains habiles, les yeux sachant voir, où se distinguent certainement les plus forts en géométrie et en calcul.

L'éducation, aidée par la religion, s'appuie aussi sur la discipline. « La marque propre de l'éducation oratorienne, a dit un maître qui vous est cher [1], celle qui la distingue visiblement de toute autre, c'est le respect de l'originalité de chaque caractère. Il en est ainsi dans les maisons d'institution ; il en est ainsi dans les collèges. La discipline soupçonneuse, tracassière, qui fatigue et aigrit ; la discipline dure et impérieuse, qui s'impose par la crainte, qui suscite les résistances et les brise par d'impitoyables châtiments y sont inconnues. » A Juilly, on développait dans vos aînés le sentiment de l'honneur ; on essayait de faire naître en eux la conscience de leur responsabilité. On les dressait peu à peu à l'usage de leur liberté naissante, au risque parfois de relâcher trop

---

1. Les *Oratoriens instituteurs*, par le P. Chauvin, p. 23.

les ressorts nécessaires de la contrainte et du respect. Les *Souvenirs* d'Arnault retracent la physionomie de Juilly à la fin du dix-huitième siècle et nous introduisent, d'une façon pittoresque, dans la vie du collège : tout y respire l'affection entre maîtres et élèves, la largeur de vues, la générosité de la conduite qui adoucissaient les âpretés d'un règlement pris à la lettre.

L'*Orbilianisme*, pourtant, n'était point absolument anéanti, encore qu'on y fît un plus rare appel qu'ailleurs. Les comptes de l'année portent l'achat d'une férule, et les anecdotes, racontées aux premiers banquets de votre *Association*, signalent avec une terreur non oubliée la rudesse de main d'un nommé Chevance, garçon de pension, et qui administrait le fouet. Enfin, même le cachot, qui était situé au-dessous de l'horloge, s'ouvrait parfois aux plus mutins et aux plus paresseux. Ce sont là des maux nécessaires, mes Amis ; les punitions ne finiront qu'au jour où disparaîtra la méchanceté native du cœur humain. Il ne tient qu'à vous cependant qu'elles diminuent de plus en plus, et elles diminueront si vous vous laissez prendre par les nobles inspirations qui flottent ici, autour de vous, et par le désir d'imiter les exemples de ceux qui y ont vécu avant vous.

IV

L'organisation d'un collège ne comprend point seulement l'instruction religieuse, les études, la discipline : elle embrasse un ensemble, fait de détails multiples qui concernent l'existence matérielle. En 1789, celle de Juilly se révèle à nous très forte, très fouillée ; on sent qu'elle est le fruit d'une longue expérience grâce à laquelle des lacunes ont été comblées, des défauts corrigés et prévus.

La pension est de 500 livres. La dépense s'est élevée à 161 329 livres, la recette à 180 326 livres. L'excédent de la recette sur la dépense est de 18 996 livres. La nourriture est très soignée. Les vins viennent d'Orléans, de la Bourgogne, de la Brie ; comme autres boissons on a le cidre, la bière de Béthune. La viande de boucherie tient une moindre place qu'aujourd'hui dans l'alimentation ; du mois de janvier 1789 au mois de janvier 1790, les comptes du boucher n'accusent que 15 280 livres. En revanche, pendant ce même laps de temps, on a mangé 333 dindons, 574 lapins, 2 chevreuils, 1 daim, 804 perdrix ou perdreaux, 186 lièvres, 409 canards, 34 douzaines de chapons, 118 pigeons, 1 188 poulets et 27 porcs. Pour le poisson, on sert beaucoup de morue, — cela n'a pas changé, — des anguilles, des merlans, des tanches, des carpes, des brochets, etc. Les légumes sont aussi les mêmes ; au mois de juin les asperges font pourtant leur apparition sur la table, et les artichauts en juillet. Le dessert est composé, en hiver, de fromages de Brie (180), de noix sèches, de châtaignes. En été, vos prédécesseurs me semblent mieux traités que vous : ils ont eu 66 paniers de fraises, 6 522 livres de cerises, 3 050 pêches, 2 000 abricots et 119 livres de raisin. Un chef de cuisine, aux gages de 250 livres, préparait les repas, avec le secours de sept aides, dont les services se payaient de 150 à 70 livres. Un pâtissier, avec des gages de 150 livres, complétait le corps de l'office. Le pain était cuit au collège; il y en avait de plusieurs catégories. Seriez-vous désireux de connaître à combien monte la pesée du mois de juillet? A 16 390 livres de pain blanc, à 2 483 livres pour le pain des domestiques, et à 800 livres pour celui des pauvres. Aujourd'hui même, il y a cent ans, le 25 juillet, on a consommé 575 livres de pain blanc [1].

L'éclairage s'est perfectionné depuis 1788. Dans tous les escaliers et les corridors des dortoirs, aux réfectoires, on a placé des réverbères avec « des entonnoirs et tuyaux en fer-blanc aux lampes pour empêcher la fumée de se répandre ». On y brûle de l'huile de noix. Une nombreuse troupe de domestiques est aux ordres des pensionnaires.

Le sonneur Louis est un ancien soldat qui a combattu à Fontenoy, en criant : *Vive le Roi*[2]; il a 72 livres par an, plus une gratification. Deux veilleurs de nuit parcourent les dortoirs; et, en plein jour, deux autres circulent, chargés de prévenir « tout ce qui se passerait contre l'ordre ». Deux portiers, un liseur, neuf garçons de pension, dont un pour l'infirmerie, deux lingers, un maître tailleur et six garçons tailleurs forment le personnel qui doit servir « les Messieurs ». De plus, il y a, pour chaque cham-

1. Tous ces chiffres sont pris aux *Registres* de l'économat.
2. *Arch. nat.*, M. 222.

bre, une peigneuse, sans compter un perruquier pour toute la pension.

Le service de santé n'est pas moins bien institué. Deux chirurgiens sont attachés au collège : le premier, M. Blazy, a 800 livres d'honoraires ; il habite Paris. Le second, sorte de Figaro, administre les saignées et coupe les cheveux ; il a 200 livres. Un dentiste de Paris vient, plusieurs fois l'an, faire la visite des dents et de la bouche. Un maître de musique, Robitail, reçoit 350 livres par an ; il apprend le violon, le solfège ; on paye 4 francs par mois pour les leçons de musique ; 6 francs pour celles de dessin, dont le professeur, qui se nomme Séraphin Beautrement, a 700 livres d'appointements fixes. Mais le plus important de ces professeurs laïques et pris au dehors du collège, c'est le maître de danse, Balthasar, qui perçoit des honoraires annuels de 800 livres. Il enseignait le maintien, les belles manières ; il apprenait à saluer, à se présenter, à sortir d'un salon, à se tenir debout, à s'asseoir... Art délicat, art difficile, et si nécessaire dans une société aussi polie et raffinée que celle du dix-huitième siècle ! Et j'estime qu'il y aurait beaucoup à gagner aujourd'hui, s'il revenait en faveur !

Vos aînés de 1789, en effet, Messieurs, par leur naissance ou par leur fortune, étaient appelés à prendre les premiers rangs dans le monde. Ici donc, on les initiait aux pratiques de décence et de civilité, dont le titre de gentilhomme imposait l'obligation. La politesse n'est-elle point, suivant le beau mot de saint François de Sales, « la fine fleur de la charité » ? La netteté, comme on disait alors, est aussi une demi-vertu. On y habituait les jeunes juliaciens. Leur chevelure était l'objet de soins particuliers; ils l'entretenaient par des pommades ou liquides, ou doubles au jasmin, ou fines. Leur costume, qui était uniforme, se composait d'habits en drap vert de Sedan orné de boutons anglais, d'un collet écarlate, de culottes de velours, d'escarpins à boucles; d'autres étoffes étaient aussi employées, le nankin, la calamande, la peau de chamois. Des bas gris, des bas de soie blancs ou des bas de coton étaient mis en proportion de la solennité des fêtes ou étaient portés aux jours ordinaires. Il en allait de même pour les gants, qui étaient ou blancs, ou en castor, ou « en poil de lapin angolas » *(sic)*. Des chapeaux ronds, et depuis 1789, agrémentés de cocardes tricolores, des cravates et des jabots en mousseline complétaient les vêtements des pensionnaires. Les grands portaient l'épée avec des épaulettes à fleurs de lis ou à grenades.....

Le 25 mars 1788, en faisant l'*indiction* de la 53ᵉ assemblée de l'Oratoire, le P. Moisset disait de l'Oratorien : « Appelé à enseigner, il se fera un devoir d'acquérir ce qui peut l'en rendre vraiment capable. S'appliquera-t-il uniquement soit aux lettres humaines, soit aux sciences profanes ? Et en cultivera-t-il qui soient plus curieuses qu'utiles ? Celles-ci seront négligées; les autres ne l'occuperont pas tout entier. Il est ecclésiastique; la science ecclésiastique fixera son goût principal. Chaque jour il trouvera du temps pour étudier la religion dans ses sources, afin de s'en remplir et d'en pouvoir parler avec dignité à ses disciples dont il ne doit pas moins former le cœur que l'esprit[1]. »

Ce beau portrait du régent oratorien, où le vénérable vieillard en avait-il conçu l'idéal, si ce n'est à Juilly, qu'il visitait avec tant de bonheur? A cent ans de distance, mes Amis, cette voix retentit encore pour nous remettre sous les yeux nos devoirs d'instituteurs et de prêtres. Les Oratoriens de 1789 ont su former une génération d'hommes qui furent presque tous à la hauteur des temps difficiles qui se préparaient; leur exemple nous sert de leçon.

Que l'exemple de vos anciens, mes Amis, vous soit aussi utile. Un avenir gros de dangers se lève sur vous. Des jours pleins de menaces et d'orages vous attendent avant un long temps. Vous les traverserez, toujours debout, sans ployer ni vos genoux ni vos cœurs, fidèles à l'honneur, serviteurs uniques de la patrie et de l'Église, si, comme ceux-là, dont je viens d'esquisser le portrait, vous donnez sa vraie signification et sa véritable beauté à ce titre : *Enfants de Juilly*.

1. *Arch. Nat.*, M. 217.

ALLOCUTION

DE

MONSEIGNEUR GONINDARD

ARCHEVÊQUE DE SÉBASTE
COADJUTEUR DE S. E. LE CARDINAL ARCHEVÊQUE DE RENNES

Messieurs,

Appelé à l'honneur de présider cette fête du labeur et de ses succès, j'éprouve, avant tout, le besoin de me recueillir dans une sorte de respect ému, pour saluer ici de glorieux souvenirs. Voici en effet que les personnifications les plus hautes, de l'éloquence, du savoir et de la sainteté, m'apparaissent ; et, sous une telle évocation, je demande à m'incliner avec vous, pour remercier Dieu d'un passé que vos aînés, hommes de foi, de génie et d'honneur, ont rendu si fécond.

Après ce salut donné au passé, et, sous l'émotion du langage magistral que vous venez d'entendre et d'applaudir, je regarde avec attendrissement le présent que vous faites si gracieux, aimables jeunes gens, et je comprends mieux la devise, radieuse comme une étoile, qui brille au front de votre collège : *Orior*. Belle aurore que celle d'une jeunesse qui montre dans la flamme de son regard, avec le scintillement des nobles ardeurs,

..... le long espoir et les vastes pensées !

Une parole célèbre a été dite sur l'Église, notre

mère : *l'Église recommence.* Et en effet, Messieurs, admirons une fois de plus en passant l'éternelle jeunesse du catholicisme qui, ballotté depuis des siècles, au sein de mille orages dangereux trouve dans la sagesse de ses pilotes inspirés et dans l'amour de ses enfants les éléments actifs d'une vie qui s'en va progressant toujours. Sans doute la haine marche parallèlement aussi ; mais elle devient elle-même une preuve de vitalité pour nous : car la haine ne s'acharne qu'après ce qui vit et doit vivre indestructible.

Ainsi en est-il, toute proportion gardée, de l'Oratoire et de ses destinées. La célèbre Institution a eu ses heures d'épreuve, comme toutes les œuvres bénies du ciel ; mais entourée à toute époque de la sauvegarde la plus caractéristique, le respect, elle a, dans les phases diverses de son existence, affirmé constamment sa vie. Aujourd'hui, avec les ressources intimes qui l'alimentent au dedans, elle rencontre au dehors des sympathies ardentes et des témoignages d'universelle estime. Juilly a donc le droit, de montrer son front toujours jeune et de dire en regardant l'avenir qui lui sourit : *Orior !*

Oui, vous naissez, jeunes amis, à la vie d'hommes, de catholiques et de Français. Vous vous levez dans notre ciel trop nébuleux, comme le rayon blanc d'espoir, qui présage, à l'aube nationale, l'arrivée bienfaisante de l'astre roi. *Orior !* Notre attente ne sera pas déçue ; entendez-le bien : nous comptons sur vous. Puisse cette parole s'échappant du cœur d'un évêque prendre un accent de particulière gravité pour vos esprits, et engager définitivement votre vie dans sa véritable orientation ! Vos maîtres dévoués et vénérés ont droit à ce que vous suiviez, sans déviation, les indications lumineuses qu'ils vous donnent. L'Église et la France attendent votre arrivée, comme des chefs une recrue de valeur.

L'immortel Virgile, dans l'épopée qu'on vous fait apprendre par cœur et admirer, attribue à la jeunesse troyenne la prise de possession des contrées occidentales ; entendez-le parler de cette troupe d'adolescents qui s'élance sur le rivage d'Hespérie :

> ..... *juvenum manus emicat ardens*
> *Littus in Hesperium.*

On a tort dans certaines contrées d'Europe, où l'on ne connaît plus l'humilité et les sages réserves de la pensée, de parler si souvent d'une prétendue déchéance pour les races latines. La jactance d'un tel langage, gonflé évidemment par des succès qui resteront passagers, je l'espère, montre que là-bas on prend un désir égoïste pour une réalité accomplie.

On a plus grand tort chez nous, dans certains milieux qui s'arrogent le monopole de la lumière, de parler de la foi naïve des anciens âges et des dogmes surannés qui ont fait leur temps. Comme si la vérité pouvait vieillir !...

Quoi qu'il en soit, j'ai devant moi cette jeunesse d'élite, qui saura conquérir, s'il le faut, le vieux continent d'Hespérie. C'est elle qui infusera, dans le corps social et chrétien, un sang rajeuni et la générosité d'une sève nouvelle. Encore une fois, jeunes gens, nous comptons sur vous. Tout votre programme d'avenir se trouve résumé dans ce mot d'un illustre ami de cette maison, le sympathique abbé Perreyve : « Il faut porter les convictions de l'éternité dans l'intelligence des temps actuels ; être des chrétiens antiques dans des hommes nouveaux. »

Que Dieu, chers élèves de Juilly, bénisse les succès de ce jour ! que les frais lauriers de vos couronnes littéraires et scientifiques, dont nous sommes si heureux de ceindre vos têtes, deviennent les gages assurés de l'auréole de vertu, de noblesse, d'intelligence, et plus tard de sainteté, qui environnera vos fronts de chrétiens et de Français !